BEI GRIN MACHT SICH IHR WISSEN BEZAHLT

- Wir veröffentlichen Ihre Hausarbeit,
  Bachelor- und Masterarbeit

- Ihr eigenes eBook und Buch -
  weltweit in allen wichtigen Shops

- Verdienen Sie an jedem Verkauf

Jetzt bei www.GRIN.com hochladen
und kostenlos publizieren

Gülsüm Coskun

Das Millet-System. Die Minderheitenpolitik im Osmanischen Reich

GRIN Verlag

Bibliografische Information der Deutschen Nationalbibliothek:

Die Deutsche Bibliothek verzeichnet diese Publikation in der Deutschen National-
bibliografie; detaillierte bibliografische Daten sind im Internet über http://dnb.d-
nb.de/ abrufbar.

Impressum:

Copyright © 2014 GRIN Verlag GmbH
Druck und Bindung: Books on Demand GmbH, Norderstedt Germany
ISBN: 978-3-656-95991-5

Dieses Buch bei GRIN:

http://www.grin.com/de/e-book/298370/das-millet-system-die-minderheitenpolitik-
im-osmanischen-reich

GRIN - Your knowledge has value

Der GRIN Verlag publiziert seit 1998 wissenschaftliche Arbeiten von Studenten, Hochschullehrern und anderen Akademikern als eBook und gedrucktes Buch. Die Verlagswebsite www.grin.com ist die ideale Plattform zur Veröffentlichung von Hausarbeiten, Abschlussarbeiten, wissenschaftlichen Aufsätzen, Dissertationen und Fachbüchern.

Besuchen Sie uns im Internet:

http://www.grin.com/

http://www.facebook.com/grincom

http://www.twitter.com/grin_com

0. Einleitung

Das Osmanische Reich fand seinen Ursprung im Osmanischen Fürstentum (*Osmanlı Beyliği*), dass ca. 1299 gegründet wurde. Das an dem byzantinischen Reich angrenzende *Beylik* regierte von der Gründung an nach dem islamischen Rechtssystem.

Mit zunehmender Zeit nahm das Fürstentum immer mehr Gebiete ein und wuchs schnell zu einem großen Reich heran und erstreckte sich von Marokko bis Persien und von der Ukraine bis zum Sudan. Daher war das Reich während seines 623 jährigen Bestandes von Nationen- und Glaubensvielfalt geprägt.

Der Umgang der Osmanen mit der nichtmuslimischen Bevölkerung nimmt in der gesamten Weltgeschichte eine besondere Stellung ein.

Im Gegensatz zu der damals üblichen Vorgehensweise, der Bevölkerung der eingenommen Gebiete die Konfession aufzuzwingen, herrschte im Osmanischen Reich die Glaubensfreiheit.

So blieb den Nichtmuslimen die Entscheidung, entweder den islamischen Glauben anzunehmen oder unter bestimmten Voraussetzungen (u.a. Zahlung bestimmter Steuern) unter islamischer Herrschaft mit zum Teil eingeschränkten Freiheiten weiterzuleben.

Die Minderheitenpolitik unterlag in der gesamten Regierungszeit der Osmanen vielen Veränderungen. Doch die längste Phase, die ohne bedeutende Veränderungen verlief, das heißt zwischen dem Ende des 13. Jahrhunderts und den Anfängen des 18. Jahrhunderts, in der die gegenseitige Toleranz und Akzeptanz der so verschiedenen Bevölkerungsgruppen zum Vorschein kam, fällt in der Literatur unzureichend aus. Das nahezu 450 Jahre lang erfolgreich durchgesetzte System wurde nach Einfluss der europäischen Mächte und dem

2

Modernisierungs- und Anpassungsversuch der Osmanen wiederum gegen das Reich verwendet und musste aufgelöst werden.

Im Folgenden werde ich zunächst versuchen die allgemeine Problematik darzulegen, indem ich näher auf die damals im Osmanischen Reich vorhandene Situation bezüglich der Minderheiten und den Umgang der Regierung mit dieser eingehen werde. Weiterhin werde ich beschreiben, wie es der Regierung möglich war, das friedliche Nebeneinander und zum Teil auch Miteinander im Reich zu gewährleisten.

Anschließend werde ich auf die zustande gekommenen Probleme, dessen Hintergründe und schließlich auf die getroffenen Maßnahmen der Regierung eingehen.

1. Die Minderheitenproblematik im Osmanischen Reich

Da das islamisch geprägte Reich die Grundsätze des islamischen Rechts befolgte, fand für alle Muslime die *Scharia* (religiöses Gesetz) Anwendung.

Die Regelungen für die Nichtmuslime dagegen wurden von dem sogenannten *zimmet hukuku* bestimmt, welche die rechtlichen Bestimmungen für Nichtmuslime im islamischen Recht vorschrieb.

So war in dem multinationalen Reich nicht die Ethnie ausschlaggebend, sondern die Konfession der Bürger.

Es wurden Glaubensgemeinschaften gebildet, an die sich die anerkannten Minderheiten entsprechend ihrer religiösen Zugehörigkeit anschlossen.

Die Gruppierung der einzelnen Individuen nach ihrer Konfession, wie es im Mittelalter unüblich war, brachte dem Osmanischen Reich viele Vorteile.

Der Hintergrund einer solchen Gruppierung bestand darin, dass der Staat nicht einzelne Individuen als Ansprechpartner hatte, sondern nur Gruppierungen. Trotz dessen wurde gleichzeitig die Abhängigkeit jedes einzelnen Bürgers gewährleistet.[1]

Dies galt einerseits dem Staat als Erleichterung, andererseits konnten alle Angehörigen der jeweiligen Glaubensgemeinschaften ihre kulturellen, sozialen sowie rechtlichen Gewohnheiten beibehalten. So sicherte der Staat gleichzeitig seine Souveränität, indem er die verschiedenen Gemeinschaften voneinander trennte. Daher galt es dem Staat in jeder Hinsicht als vorteilhafter, dass die Individuen nicht direkt an den Staat gebunden waren, sondern an ihre Gemeinschaft.

Dessen Oberhaupt war verantwortlich gegenüber dem Staat, sodass eine indirekte Kontrolle aller Gemeinschaften ermöglicht wurde.

Als einzige Ausnahme galt die Zahlung der *cizye,* die als Kopfsteuer der Nichtmuslime zu verstehen war, wofür ihnen als Gegenzug vom Staat Schutz zugesprochen wurde. Dies galt als einziger Aspekt, bei dem jeder einzelne Bürger als Individuum in den Vordergrund trat.[2]

Die Glaubensgemeinschaften, die das Millet-System umfasste, wurden zwischen dem 17. und 19. Jahrhundert als *millet* bezeichnet. Der Begriff „*mille*" stammt aus dem Arabischen und wird ins Türkische als „*bir söz*" (ein Wort) oder „*vahiy*" (Offenbarung) übersetzt. Er bezieht sich daher auf Religionen, die eine heilige Schrift besitzen, die sogenannten *ehl-i kitap* (Buchreligionen).

So ist in diesem Sinne der Begriff „*millet*" nicht nach heutiger Konnotation als „*Nation*" zu verstehen.[3,4]

---

[1] Der Sultan wickelte jeglichen Kontakt mit Nichtmuslimen über deren religiös-kirchliche Führung ab.

[2] Uğur Kurtaran, OSMANLI IMPARATORLUĞU'NDA MILLET SISTEMI, Sosyal Bilimler Enstitüsü Dergisi 8 (2011), 60-62.

[3] Muharrem Gürkaynak, OSMANLI DEVLETI'NDE MILLET SISTEMI VE YAHUDI MILLETI (2003), 276.

[4] In den Reformedikten von 1839 und 1856 wurden die Nichtmuslime offiziell als „tabaa-ı gayrimüslime", „cemaat-ı muhtelife", „milel-i saire" und „millet" bezeichnet. (Gürkaynak 2003)

Während der Begriff anfangs auf die verschiedenen Religionsgemeinschaften Anwendung fand, wurde er erst ab dem 20. Jahrhundert auf die Nationalität bezogen.

2. Das Millet-System

In der Herrschaftszeit des Sultan Mehmed II. (reg. 1444-1446 und 1451-1481) fand das Millet-System seinen Ursprung.

Dieses System ist auf die Prinzipien der Staatsordnungen nach islamischen Grundsätzen zurückzuführen, wobei zu erwähnen ist, dass das Osmanische Reich seit der Entstehung des Islams Letzteres weiter entwickelt und als erfolgreichster umgesetzt hat.[5]

Während das System bereits zuvor in türkisch-islamischen Staaten bestand, wurde es von den Osmanen weiter ausgearbeitet und auf eingenommene Gebiete angewandt.

Es ermöglichte mehrere Jahrhunderte lang das friedliche Zusammenleben von Menschen mit religiösen und sozialen Unterschieden, denn das Prinzip des Millet-Systems bestand darin, die Unterschiede bezüglich Kultur, Religion und Sprache zu bewahren. So wurde im Osmanischen Reich nie eine Integrations- oder Assimilationspolitik betrieben.[6]

Generell gab es im Osmanischen Reich vier anerkannte Millets (*millet-i arbia*). Die muslimische Millet, welche auch als *millet-i hakime* (die herrschende Millet) bezeichnet wird, umfasste unter anderem die Türken und Kurden in Anatolien und Thrakien, die Araber in Nordafrika, die Albaner und Bosnier in Südosteuropa sowie die Tscherkessen und Tschetschenen.

---

[5] Kurtaran, OSMANLI IMPARATORLUĞU'NDA MILLET SISTEMI, 60.
[6] Kurtaran, OSMANLI IMPARATORLUĞU'NDA MILLET SISTEMI, 61.

Die weiteren drei anerkannten Millets waren die *Millet-i Rum* (orthodoxe Christen), *Millet-i Arman* (armenische Christen) und die Juden als *Millet-i Yahud*. Während es bis zum 19. Jahrhundert drei anerkannte nichtmuslimische Millets gab, stieg die Zahl bis 1914 auf 17.

Die Nichtmuslime wurden nicht zur Befolgung des islamischen Glaubens gezwungen. Sie konnten ihre eigene Religion weiterhin ausüben. Es gab einen Schutzvertrag, dass den nichtmuslimischen Minderheiten Schutz ihrer Besitztümer und Bewegungsfreiheit garantierte. Diese Schutzgenossen wurden *zimmi* (dhimmi)[7] genannt. Dabei hatten sie die sogenannte *cizye* (dschizya) zu zahlen.

Neben den Muslimen und Zimmis gab es noch eine weitere Gruppe: die *müstemenler* (*sg. müstemen*). Hierunter fielen diejenigen, die ursprünglich aus nichtmuslimischen Regionen stammten und im Osmanischen Reich nur vorübergehend verweilten (z.B. Handelsleute). Diese standen ebenfalls unter dem Schutz des Staates, brauchten aber im Gegensatz zu den Zimmi keine Steuern zahlen.

Das Millet-System, welches die Minderheitenpolitik der anerkannten Minderheiten bestimmte, fasste die Bevölkerungsgruppen in religiös bestimmte Gruppen zusammen, die sich in legislativen, judikativen, religiösen und erzieherischen Angelegenheiten selbst verwalten konnten.[8]

Jede Millet hatte ihren eigenen Ethnarchen, der als religiöses Oberhaupt die Kontrolle über die Gemeinschaft hatte, und auch ihre eigenen Gesetze und Verwaltungsstrukturen. Das Oberhaupt wurde von der Gemeinschaft gewählt, musste aber von der Zentralregierung des Reiches, der Pforte, anerkannt werden.

---

[7] Als *zimmi* wurden die Nichtmuslime bezeichnet, die Angehöriger einer Buchreligion waren.
[8] Maurus Reinkowski, Die Dinge der Ordnung: Eine vergleichende Untersuchung über die osmanische Reformpolitik im 19. Jahrhundert (München: R. Oldenbourg Verlag, 2005), 17.

Das Oberhaupt der Muslime war der *şeyh ül-islam* (Scheich ul-Islam), der oberste Mufti.

Das Oberhaupt der orthodoxen Kirche war der ökumenische Patriarch. Dieser sammelte die *cizye* ein und leitete sie weiter. Ihm wurden ein eigener Gerichtshof und ein Gefängnis zugesprochen. Ebenso wurde dafür gesorgt, dass er die Gesetze, die er erlies, ohne Hindernisse durchsetzen konnte.

Zu der orthodoxen Kirche gehörten Bulgaren, Rumänen, Serben sowie die Griechen, welche in dieser Gemeinschaft „das Sagen" hatten. Nach der Eroberung Istanbuls um 1453 wurde von Mehmet II. der griechische Patriarch Gennadios Scholarios zum Oberhaupt der orthodoxen Kirche und im Stadtteil Phanar *(Fener)* erhielt er seinen Sitz, weshalb sie auch gelegentlich als Phanarioten bezeichnet wurden.

Um 1458 wurde auch ein armenischer Patriarch eingesetzt, der mit ähnlichen Machtbefugnissen ausgestattet wurde. Zunächst waren sie als armenisch-apostolische Glaubensgemeinschaft anerkannt. Im Jahre 1831 wurden alle Katholiken im Osmanischen Reich zu einer Millet zusammengeschlossen.1850 wurden schließlich die armenischen Protestanten offiziell als eigene Millet anerkannt.

Im 19. Jahrhundert fand das Millet-System in ähnlicher Weise auch Anwendung für die Juden. Der Großrabbiner *(Haham Başı),* welcher das Oberhaupt der Juden war, wurde mit ähnlichen Machtbefugnissen wie der ökumenische Patriarch ausgestattet. Während sie im Byzantinischen Reich noch diskriminierend behandelt wurden, konnten sie hier sogar ins öffentliche Amt treten. Dies hatte zur Folge, dass in Spanien und anderen Ländern verfolgte Juden hier aufgenommen wurden.

Jede Millet hatte ihre eigenen Schulen, Krankenhäuser, Gerichtshöfe und Wohlfahrtseinrichtungen. Außerdem bewohnte jede Millet bestimmte Viertel, um somit mögliche Auseinandersetzungen zu vermeiden.

In Angelegenheiten wie Geburts- und Todesfälle, Erziehung, Eheschließung und Erbrecht hatte jede Religionsgemeinschaft die eigenen rechtlichen Vorschriften und Gesetze.[9]

Bei rechtlichen Auseinandersetzungen zwischen zwei Angehörigen verschiedener Millets, wurde nach den rechtlichen Vorschriften der verletzten Partei gehandelt.

Sofern ein Muslim in solch eine Angelegenheit verwickelt war, galt das islamische Gesetz.

2.1 Rechte der anerkannten Religionsgemeinschaften

Das Persönlichkeitsrecht sowie die Freiheit standen genauso wie den Muslimen auch den Zimmi zu. Hierunter fielen nur einige Beschränkungen, wie das Reisen in das sogenannte Hiğaz-Gebiet. Dieses Gebiet umfasst unter anderem die heiligen Städte Mekka und Medina.[10]

Die Zimmi galten auch als Staatsbürger und durften somit auch im öffentlichen Dienst tätig sein. Bis auf die Stellen, die mit der Religion in Verbindung standen, konnten sie verbeamtet werden. Positionen, die die Mitwirkung in der Verwaltung ermöglichen würden, wurden ihnen jedoch vorenthalten (Bsp: Minister, Statthalter, Richter).[11]

Wie bereits erwähnt wurde den Zimmi auch bezüglich des Glaubens und der Religionsausübung Freiheit gegeben. Auch dies basiert auf den Grundlagen des islamischen Rechtssystems.

---

[9] Gürkaynak, OSMANLI DEVLETI'NDE MILLET SISTEMI VE YAHUDI MILLETI, 276.
[10] Dem Kuran nach, ist das Betreten dieses Gebietes den Nichtmuslimen untersagt.
[11] Ahmet Akgündüz, Tarihi Açıdan Azınlıklara Tanınan Haklar Ve Biz – 1.

Hier gab es auch nötige Einschränkungen: In nicht kriegerisch eroberten Gebieten blieben religiöse Bauten wie Kirchen, Kathedralen und Tempeln bestehen. In kriegerisch eroberten Gebieten entschied der Oberhaupt, wobei beispielsweise Fatih Sultan Mehmed II. diese hauptsächlich bestehen lies. Außerdem waren die Propaganda ihrer Religion und das Herabwürdigen des Islams verboten.

Ebenso war den Nichtmuslimen die Versammlungsfreiheit gewährt.

Die Kinder konnten in eigenen Schulen erzogen werden und die eigene übliche Erziehung genießen.

Der Verkauf von Schweinefleisch und Alkohol war in Städten, in denen nur Nichtmuslime lebten, erlaubt.

Mit der Zeit nahm die Kleidung der Muslime Einfluss auf die Nichtmuslime. Um zu verhindern, dass sich hierdurch dass Millet-System lockerte und möglicherweise an Bedeutung verlieren könnte, wurden Maßnahmen wie Kleidungsvorschriften ergriffen. So sollten Nichtmuslime nicht die für Muslime übliche Kleidung tragen.

Des Weiteren waren sie von der Wehrpflicht befreit, durften jedoch keine Waffen tragen und ebenso bestimmte Reittiere nicht reiten.

2.2 Pflichten im Gegenzug

Da alle landwirtschaftlichen Nutzflächen als Eigentum des Staates galten, wurde auf private Besitztümer eine Grundsteuer erhoben. Die sogenannte *haraç* (haradsch) hatten sowohl Muslime als auch Nichtmuslime zu zahlen.

Die bereits erwähnte Kopfsteuer für Nichtmuslime war ursprünglich von freien Männern, die über ein eigenes Einkommen verfügten, physisch sowie psychisch gesund waren, bezahlt werden. Befreit waren Frauen,

Kinder, Blinde, Sklaven, Männer mit physischer Behinderung (z.B. Gelähmte), chronisch Kranke, finanziell Schwache, Geistliche und Einsiedler.[12]

Später wurden auch Lehrer, Rabbis und einzelne Familien von der Steuer befreit. In der späteren Phase des Reiches soll diese Steuer nur noch von einem Drittel der Zimmi bezahlt worden sein.

Die Zimmi wurden bezüglich der Zahlung der Kopfsteuer je nach Vermögen eingeteilt. Entsprechend dieser Aufteilung wurde der Betrag festgesetzt, wobei diese im Zeitverlauf Schwankungen unterlag:

	Vermögensstatus	Klasse	Höhe der Steuer
1.	die Reichen	*gani*	*âlâ* (höchst)
2.	die dem Mittelstand angehörigen	*mütevassıt*	*evsat* (mittel)
3.	die Armen	*fakir*	*edna* (niedrig)

Abb.1: Einteilung der Steuerzahler nach Vermögensstatus

3. Das Ende des Millet-Systems

Das Osmanische Reich unterlag vielen Veränderungen, wodurch auch nicht zuletzt das Millet-System beeinflusst wurde.

Einer der wichtigsten Gründe hierfür war der Einfluss des Westens.[13] Politische innere Unruhen, militärische Niederlagen und der wachsende Einfluss der europäischen Mächte verschlechterten die Lebensbedingungen im Osmanischen Reich. Die Unzufriedenheit der

---

[12] Orhan Münir, Minderheiten im Osmanischen Reich und in der neuen Türkei (Köln: Orthen, 1937), 43.
[13] Kurtaran, OSMANLI IMPARATORLUĞU'NDA MILLET SISTEMI, 63.

Nichtmuslime, die sich mit der steigenden Macht der christlichen Welt bildete, führte dazu, dass vor allem die christliche Millet nach Hilfe der europäischen Mächte suchte.

Ab dem 17. Jahrhundert nahm der Kontakt zwischen den Nichtmuslimen im Reich und den westlichen Staaten zu. Die Kultur des Westens regte somit das Interesse der Nichtmuslime an, wobei sich zeitgleich in Europa der Nationalismus entwickelte. Hierdurch wurden nicht zuletzt die im Osmanischen Reich lebenden Nichtmuslime beeinflusst. Der Nationalgedanke aus dem Westen übertrug sich auf die nichtmuslimische Bevölkerung, wodurch eine Unzufriedenheit resultierte.

Doch der tatsächlich ausschlaggebende Faktor zu sein scheint, die allmählich zunehmende Macht des Westens. Die durch Kapitulationen erlangten Berechtigungen führten zu einem wirtschaftlichen Aufschwung dieser Länder. Gleichzeitig verlor das Osmanische Reich an wirtschaftlicher Macht.

Zunächst lag im Interesse der Osmanen, den osmanischen Markt für europäischer Händler zu öffnen. Dies geschah durch Handelsverträge, sogenannte Kapitulationen, welche dem kapitulierenden Staat und seiner Bevölkerung Sonderrechte, Berechtigungen und bestimmte Ausnahmen zu spricht.

1536 unterzeichneten das Osmanische Reich und Frankreich die erste Kapitulation, „die freien Handel vereinbarte und Frankreich die Gerichtsbarkeit über seine Untertanen auf dem Boden des Osmanischen Reichs übertrug."[14]

1838 wurde mit England eine weitere Kapitulation vereinbart. Innerhalb der nächsten drei Jahre folgten Staaten wie Venedig, Österreich, die Niederlande, Spanien, Portugal, Dänemark, Norwegen und Russland.

Die Kapitulationen, welche der Wirtschaft des Osmanischen Reiches erhebliche Schaden und Schulden zufügten, beeinflussten auch die nichtmuslimische Bevölkerung negativ.

---

[14] http://de.wikipedia.org/wiki/Osmanisches_Reich#S.C3.BCleyman_der_Pr.C3.A4chtige

Das Zusammentreffen dieser Aspekte sowie das Agitieren der westlichen Länder führten zur Unzufriedenheit und letztendlich zu Aufständen seitens der Nichtmuslime. Erste Schäden erlitt das Millet-System durch die griechischen Aufstände 1821 bis 1829.

Um unter anderem derartigen Auseinandersetzungen und dem Druck seitens des Westens, welche die Rechte der Minderheiten vertraten und in den Minderheiten eine Möglichkeit sahen, politischen Einfluss auf das Reich haben zu können, entgegenzukommen, wurden Reformbestrebungen betrieben.

3.1 Die Tanzimat-Reformen

Um mit den Veränderungen und Entwicklungen in der westlichen Welt mithalten zu können, wurde es als Notwendigkeit empfunden, dass das Osmanische Reich seine islamische Staatsauffassung aufgab. Diese betraf vor allem die Minderheitenpolitik, welche auf religiösen Unterschieden basierte.

Die hierfür vorgesehenen Reformen sollten zunächst nur das Heer, die Verwaltung und das Minderheitensystem betreffen. Letztere waren ursprünglich als Maßnahmen gegen feindliche Angriffe vorgesehen.

Doch die Gleichstellung der gesamten Bevölkerung, welche eine Zweitrangigkeit der religiösen Zugehörigkeit voraussetzte, traf mit der zunehmenden Bedeutung der Nationalität zusammen. So fühlte sich die nichtmuslimische Bevölkerung vielmehr zum Westen zugehörig. Dieser Aspekt fügte der Innenpolitik des Reiches erhebliche Schäden zu.

Die ersten Vorbereitungen für die Reformen bezüglich der rechtlichen Stellung der Nichtmuslime wurden zwischen 1826 und 1839 von Mahmud II. getroffen.

Sein Sohn, Abülmecid I., wurde 1839 zu seinem Nachfolger. Dieser setzte die Reformbestrebungen seines Vaters fort und erlies zwei Dekrete: 1839 und 1856.[15]

Am 3. November 1839 wurde im Gülhane-Park, vor dem Sultanspalast (Topkapı Sarayı) in Istanbul, die Erlassung des Reformedikts *hatt-ı şerîf* (Edles Handschreiben) bekannt gegeben.

Die Absicht dieses Reformediktes war die Modernisierung des Osmanischen Reiches.

Das Edikt versprach bezüglich der Nichtmuslime drei Aspekte:

Einem jeden Nichtmuslim wurde die Sicherheit seines Lebens, seines Vermögens und seiner Ehre zu versichert.

1840 wurde ein Strafgesetz erlassen. Sieben Jahre später wurde das erste gemischte Gericht gegründet. So waren für Rechtsfälle, bei denen Nichtmuslime involviert waren, die Konsuln zuständig. Nun bestanden die Beschäftigten der gemischten Gerichte, welche für alle Rechtsfälle zuständig waren, aus Muslimen sowie Europäern.

Das Steuersystem würde von Grund auf erneuert und gerechter geregelt werden.

Bis zum Jahre 1839 wurden die einzelnen Provinzen von Gouverneuren geleitet, denen – gemäß dem abgeschlossenen Vertrag – bestimmte Rechte gegeben wurden. So hatten sie das Recht, „[…] im eigenen Namen und auch für den Staat Steuern zu erheben, die Gerichtsbarkeit auszuüben, die Truppen zu befehligen, als höchster Verwaltungsbeamter zu fungieren, kurz, die ihm durch den Lehensvertrag übertragenen Hoheitsrechte des Staates über die Provinz auszuüben."[16]

Dieses Prinzip von Steuerverpachtung, *iltizam,* wurde mit dem Erlass des Dekrets abgeschafft, sodass die Steuern nicht mehr von Steuerpächtern,

---

[15] Münir, Minderheiten im Osmanischen Reich und in der neuen Türkei, 126.
[16] Münir, Minderheiten im Osmanischen Reich und in der neuen Türkei, 128.

sondern von Steuerbeamten eingezogen wurden. Die Einziehung der Grundsteuer wurde den Glaubensgemeinschaften überlassen.

Die Reform betraf neben dem Steuersystem auch die allgemeine Verwaltungsstruktur. Die Gouverneure wurden dem Innenministerium untergeordnet, und blieben stets unter Kontrolle und von der Zentralregierung abhängig.[17]

Außerdem sollten nun auch Nichtmuslime wehrdienstpflichtig sein. Dabei sollte eine Wehrdienstzeit von fünf Jahren festgelegt werden.

Die Erneuerungen brachten eine große Unzufriedenheit in der traditionell muslimischen Gesellschaft hervor. Für sie war es eine Missachtung der Vorschriften des islamischen Glaubens. Die Unzufriedenheit wurde durch den Gedanken, dass die Nichtmuslime ihnen nun gleichgestellt werden sollten, erheblich gestärkt.

Auch die Oberhäupter (Klerus) der Glaubensgemeinschaften unterstützten – aufgrund der Frage der Revision ihrer weltlichen Privilegien – die anstehenden Veränderung nicht.

In der nichtmuslimischen Gesellschaft jedoch verbreitete sich die Angst, dass die Umsetzung des Erlassenen Edikts nicht stattfinden würde. Mit dem Einfluss der europäischen Mächte, für die die Reformen noch auf einem unzureichenden Stand waren, kam es zu Aufständen.

Mit dem Druck Europas wurde am 18. Februar 1856 das neue Reformedikt *hatt-ı hümâyûn* (Großherrliches Handschreiben) verkündet, welches die begonnen Erneuerungen vertiefte.

---

[17] Münir, Minderheiten im Osmanischen Reich und in der neuen Türkei, 128-129.

Im Vergleich zu dem Dekret von 1839, welches eine eher Oberflächliche Regelung darstellte, war dieses „[…]in seiner Fassung und seinem Inhalt unvergleichlich genauer und klarer."[18]

Insgesamt gab es 24 Paragraphen, von denen Orhan Münir (1937) acht auf die minderheitenrechtliche Reformen bezieht:

Paragraphen, die sich auf öffentlich-rechtliche Aspekte beziehen:

1. Politische Gleichberechtigung: die öffentlich-rechtliche Gleichstellung der Nichtmuslime gegenüber den Muslimen wurde offiziell festgelegt. Der Erlass des Reformedikts ließ die Nichtmuslime zu Staatsämtern zu, was eine enorme Umstellung in der islamischen Staatsverfassung bedeutete. Griechen, Juden, Armenier und andere Minderheiten wurden zu Abgeordneten, Senatoren und Ministern bestimmt.

   Die Tatsache, dass jeder entweder seine eigenen oder die Interessen seiner Gemeinschaft vertrat, zeigte deutlich, dass die Einführung der Gleichheit keinerlei Veränderung an der Beziehung der einzelnen Gemeinschaften hervorgebracht hatte.[19]

2. Regelung des Steuersystems: Dieser Paragraph schrieb vor, dass die Steuern ohne Rücksicht auf Religionszugehörigkeit und Klasse eingehoben werden sollten.[20]

3. Militärdienstpflicht für Alle: dieser Paragraph schrieb ursprünglich vor, dass nun auch die Nichtmuslime Wehrdienstpflichtig sein würden. Diese Pflicht wurde im Nachhinein von einer Militär-Steuer ersetzt.[21]

---

[18] Münir, Minderheiten im Osmanischen Reich und in der neuen Türkei, 131.
[19] Münir, Minderheiten im Osmanischen Reich und in der neuen Türkei, 150-151.
[20] Münir, Minderheiten im Osmanischen Reich und in der neuen Türkei, 152.
[21] Münir, Minderheiten im Osmanischen Reich und in der neuen Türkei, 152.

4. die Vertretung der Nichtmuslime in den Provinzialräten: Hier ging es um die Regelung und Zusammensetzung der Verwaltungsräte in den Provinzen sowie die Wahl der Vertreter.[22]

5. die Verbietung aller Ausdrücke, die eine der Religionen bzw. seine Angehörigen herabwürdigt.[23]

6. Sowohl Muslime als auch Nichtmuslime sollen ohne Einschränkungen zum öffentlichen Unterricht zugelassen. Die Religionsgemeinschaften erhielten die Berechtigung zur Gründung von öffentlichen Schulen. Der Staat gründete eine Unterrichtskomission, dessen vom Staat gewählten Mitglieder Kontrolle und Aufsicht über die Lehrer in diesen Schulen hatte.[24]

7. Ein weiterer Paragraph „handelt von der Bestechung, Veruntreuung und Erpressung und verbietet allen Untertanen und Beamten, welcher Klasse und Religion sie [...] auch angehören, bei Strafe, sich der Bestechlichkeit, Veruntreuung und Erpressung nicht schuldig zu machen." Zitat Seite 151[25]

Einige Paragraphen, die sich auf religiöse Aspekte beziehen:

1. „Artikel 2 des Reformdekrets erklärt die sowohl in der Vergangenheit als auch die neu verliehenen geistlichen Privilegien und Immunitäten für unantastbar." (Münir 1937, 152)

2. Jedem Gläubigen sollte die freie Ausübung seiner Religion gewährt werden. Niemand durfte zum Wechsel seiner Religion gezwungen

---

[22] Münir, Minderheiten im Osmanischen Reich und in der neuen Türkei, 152.
[23] Münir, Minderheiten im Osmanischen Reich und in der neuen Türkei, 151.
[24] Münir, Minderheiten im Osmanischen Reich und in der neuen Türkei, 151.
[25] Münir, Minderheiten im Osmanischen Reich und in der neuen Türkei, 151.

werden. Letzteres blieb (wie zuvor) nicht nur auf die *ehli-kitap* (Buchreligionen) beschränkt, sondern auf alle.[26]

3. Dem Quartierssystem zu Folge, der zuvor auch in ähnlicher Ausrichtung bestand, war die Ausübung des Kultus nur in bestimmten Vierteln erlaubt. Dies galt jedoch nur für Gebiete, die auch von Muslimen bewohnt waren. In ausschließlich von Nichtmuslimen bewohnten Quartieren gab es keine derartigen Einschränkungen.

4. Neben der Aufbesserung und Wiedererrichtung der bestehenden Kirchen sollte nun unter bestimmten Voraussetzungen die Errichtung neuer Kirchen erlaubt sein.

Die Reformen betrafen auch die innere Organisation der Glaubensgemeinschaften. Die Regierung hatte die Zielsetzung, die administrativen sowie rechtlichen Befugnisse der Patriarchen aufzuheben und diese dem Volk zu übertragen, sodass sie durch eine gewählte Versammlung vertreten werden sollten. Der Patriarch sollte sich nun ausschließlich mit kirchlichen Angelegenheiten beschäftigen.

Dies hatte den Hintergrund, dass die angestrebte Gleichheit – unabhängig von der religiösen Angehörigkeit – nur dann gewährleistet werden konnte, wenn die Gemeinschaften nicht mehr in weltlichen Angelegenheiten von einem kirchlichen Oberhaupt verwaltet werden würden.

Die Umsetzung dieser Zielsetzung sah in den drei wichtigsten Gemeinschaften unterschiedlich aus.

---

[26] Münir, Minderheiten im Osmanischen Reich und in der neuen Türkei, 152.

3.2 Satzung der Gemeinschaften nach den Reformen

Eine bedeutende Erneuerung bei der Regelung innerhalb der Gemeinden war es, dass die religiösen und weltlichen Angelegenheiten nun voneinander getrennt behandelt werden sollten.

Die Synode, welche sich nun mit geistlichen Fragen beschäftigte, bestand aus zwölf Mitgliedern (Metropoliten oder Bischöfe). Während der Vorsitzende, der Patriarch, auf Lebenszeit gewählt und von der Zentralregierung bestätigt wurde, wurde die Synode jedes Jahr zur Hälfte erneuert.

Für die weltlichen Angelegenheiten war eine Nationalversammlung (*conseil national*), bestehend aus zwölf Laienmitgliedern, zuständig. Die beratende sowie richtende Versammlung beschäftige sich unter anderem mit der Verwaltung der Schulen, Kirchen und Bibliotheken.

Eine sogenannte Generalversammlung behandelte die wichtigsten Aspekte und Probleme, die die Gemeinde betrafen. Sie bestand aus der Synode, der Nationalversammlung und aus weiteren gewählten Mitgliedern, die entweder Selbstständig, industriellen oder kaufmännischen Berufes waren.

Eine ähnliche Aufteilung war auch in der armenischen Gemeinschaft vorhanden: Die religiösen Aspekte gehörten zu dem Aufgabenbereich des *conceil ecclesiastique* und die weltlichen zu dem des *conseil civil*, wobei beide direkt gewählt wurden. Der Patriarch war Vorsitzender beider Organe zu gleich.

Die jüdische Gemeinschaft bestand aus drei verfassungsrechtlichen Organen: Die Generalversammlung, welche sich mit weltlichen Fragen auseinandersetzte, bestand aus 60 Mitgliedern. Die geistliche Versammlung wurde von sieben Rabbinern gebildet, wobei einer von ihnen zum Präsidenten ernannt wurde. Das dritte Organ war der Großrabbiner. In dringenden Fällen stand es ihm zu, ohne die Mitwirkung der beiden Versammlungen einen Beschluss zu fassen.

4. Fazit

Das osmanische Millet-System, welches auf den rechtlichen Grundsätzen des Islams basierte, bildete für die Regierung die Grundlage bezüglich der Minderheitenpolitik.

Die Gemeinschaften strukturierten sich intern nach diesem System.

Jahrhunderte lang regelte dieses System sowohl die Beziehung der Minderheiten zum Staat, als auch zur mehrheitlichen Bevölkerung.

Der Staat profitierte in vielerlei Hinsicht von diesem System, aber auch die minderheitlichen Bevölkerungsgruppen gaben sich – in Anbetracht dessen, dass der Umgang mit (religiösen) Minderheiten in anderen Staaten bzw. Reichen ihnen diese Freiheit in keinerlei Hinsicht gewährleisten würde – mit den (wenn auch beschränkten) Rechten und Freiheiten zufrieden. Auch die muslimische Bevölkerung war mit dieser Lage zufrieden, denn sie behielten in gewisser Hinsicht eine bevorzugtere Stellung als die Minderheiten.

Doch mit zunehmendem Kontakt zur europäischen Welt, nahm das Interesse an einer Modernisierung zu. Auch der Einfluss des Westens schien sich allmählich zu verstärken, wobei hier die Regierung Maßnahmen für notwendig hielt.

Man hatte den Eindruck, dass den feindlichen Einflüssen und Angriffen nur so ausreichend entgegengekommen werden konnte, indem man die islamische Staatsauffassung aufgab.

Die Tatsache, dass die Grundsätze des Islam die Grundlage für die osmanische Regierung darstellte, stellte gleichzeitig ein Hindernis für den erwünschten Verwestlichungsprozess dar.

Dies bedeutet, dass die ersten Reformbestrebungen auf das Heer, die Verwaltung und das Millet-System, welche eben diese Hindernisse beseitigen sollten, in erster Linie nicht von den Bedürfnissen der Bevölkerung her ausgingen. Genau dieser Punkt erschwerte die tatsächliche Umsetzung aller Aspekte, denn hiermit wurde eine Änderung der Lebensauffassung – vor allem der muslimisch-mehrheitlichen Bevölkerung – erwartet bzw. vorausgesetzt. Daher blieben die Neuerungen bis zur zweiten Hälfte des 19. Jahrhunderts eher Oberflächlich. So nahm in der zweiten Hälfte des 19. Jahrhunderts der Nationalgedanke allmählich an Bedeutung zu. Somit verlor das auf konfessioneller Zugehörigkeit beruhende Millet-System endgültig an Bedeutung.

5. Literaturverzeichnis

Münir, Orhan. *Minderheiten im Osmanischen Reich und in der neuen Türkei*. Köln: Orthen, 1937.

PDF

Kurtaran, Uğur: *OSMANLI IMPARATORLUĞU'NDA MILLET SISTEMI*
http://www.kafkas.edu.tr/dosyalar/sobedergi/file/008/5_0.pdf

Gök, Ayşe Almıla: *OSMANLI IMPARATORLUĞU'NDA GAYRIMÜSLIMLER: Millet Sistemi, Tarihi Gelişimi ve Milletlerarası Antlaşmalar, 2011.*
http://www.durmushocaoglu.com/data/kutuphane/6_Osmanli_Imparatorlu gunda_Gayri_Muslimler_Millet_Sistemi_Tarihi_Gelisimi_ve_Milletlerarasi_ Antlasmalar.pdf

Gürkaynak, Muharrem: *OSMANLI DEVLETI'NDE MILLET SISTEMI VE YAHUDI MILLETI, 2003.*
http://sablon.sdu.edu.tr/fakulteler/iibf/dergi/files/2003-2-16.pdf

Sofuoğlu, Ebubekir und **Akvarup,** Ilke Nur: *Osmanlı Devleti'nde Millet Sistemi ve Süryaniler, 2012.*

Webseiten

http://de.wikipedia.org/wiki/Osmanisches_Reich

http://de.wikipedia.org/wiki/Millet-System

http://kisi.deu.edu.tr/userweb/orhan.irk/kapitulasyonlar%20sunu(1).ppt

Akgündüz, Ahmet: *Tarihi Açıdan Azınlıklara Tanınan Haklar Ve Biz – 1*
http://www.osmanli.org.tr/yazi-2-30.html